AF468529

ASSOCIATION FRANÇAISE

POUR

L'AVANCEMENT DES SCIENCES

CONGRÈS DE LILLE

1874

M

PARIS

AU SECRÉTARIAT DE L'ASSOCIATION

76, rue de Rennes.

ASSOCIATION FRANÇAISE

POUR L'AVANCEMENT DES SCIENCES

Congrès de Lille — 1874.

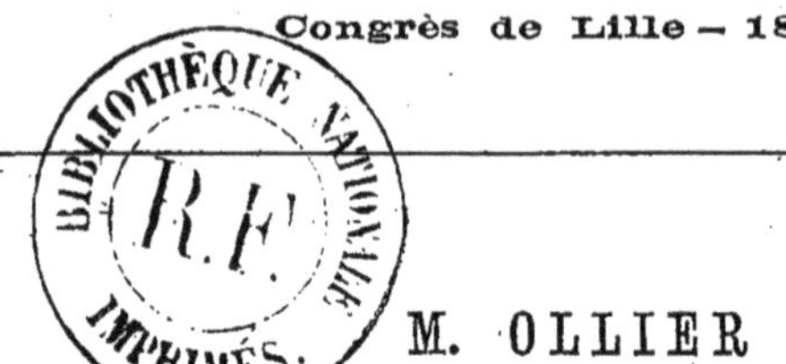

M. OLLIER

Correspondant de l'Institut, ex-Chirurgien en chef de l'Hôtel-Dieu de Lyon, Secrétaire général de l'Association française pour l'avancement des sciences.

DES RÉSECTIONS ET ABLATIONS DES OS DU PIED

ET DES AUTRES OPÉRATIONS PROPRES A PRÉVENIR LES MUTILATIONS DE CET ORGANE.

— *Séance du 22 août 1874.* —

La plus grande incertitude règne encore en chirurgie sur la valeur de certaines résections ou extirpations osseuses appliquées aux os du pied. L'analogie les a fait admettre en principe, mais l'expérience clinique ne leur a pas toujours été favorable. S'il est des résections qu'on doive recommander, il en est d'autres dont il faut restreindre et préciser de plus en plus les indications. La structure du squelette du pied, les usages auxquels il est destiné dans la marche et la station créent ici des exigences spéciales que le chirurgien ne doit jamais oublier dans l'appréciation des diverses opérations. Deux lésions semblables exigeront une conduite différente au membre supérieur et au membre inférieur, et tel résultat opératoire qui sera très-satisfaisant et passera même pour brillant au bras, à l'avant-bras, ou à la main, sera tout à fait insuffisant à la cuisse, à la jambe et au pied. L'analogie anatomique est de peu d'importance dans cette question de thérapeutique; la différence fonctionnelle, explicable par le poids à soutenir ou la pression à supporter, doit nous guider en pareil cas. Une opération faite sur le pied ne doit pas être jugée sur son résultat immédiat. Il ne s'agit pas seulement d'obtenir la cicatrisation de la plaie après l'ablation ou la résection d'un os carié ou fracturé; il faut conserver le pied comme organe de soutien et de déambulation. Si l'on n'a conservé qu'un organe inutile ou gênant, incapable de supporter solidement le poids du corps ou douloureux dans les divers mouvements, on aura fait une mauvaise opération; l'amputation de l'organe eût été préférable.

Je dois donc m'attacher à étudier ici les résultats définitifs des di-

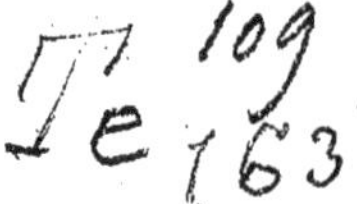

verses opérations conservatrices qu'on peut mettre en balance avec les amputations du pied. C'est cette donnée qui manque dans la science; on n'enregistre guère que les résultats d'hôpital, et si l'on dépouille les observations publiées sur la résection ou l'extirpation des divers os du pied, on ne voit pas ce que sont devenus les opérés qui n'ont pu être suivis pendant assez longtemps. On signale la cicatrisation de la plaie; mais on ne peut nous dire comment fonctionne le pied, et on laisse ignorer même si la guérison a été définitive. Ce sont là des lacunes inévitables dans les observations telles qu'on les publie dans les comptes rendus des cliniques et les recueils périodiques. Mais ce ne sont pas les cas récents qu'il faut faire connaître; ce sont les cas anciens, datant de plusieurs années. Le résultat est souvent, au bout de trois ou quatre ans, tout autre qu'on ne l'avait prévu. Telle opération, peu séduisante au premier abord, a fini par donner un résultat fonctionnel excellent; telle autre, trop favorablement jugée au début, par la conservation de la forme du membre et la rapidité du processus réparateur, n'a laissé qu'un membre plus gênant qu'un moignon d'amputation. Je m'attacherai donc à appuyer mes propositions sur des résultats déjà anciens, aussi éloignés que possible du moment de l'opération. L'attention que j'ai dirigée depuis quinze ans sur cette question me permettra d'appuyer mes conclusions sur des faits personnels; mais je dois profiter de cette circonstance pour faire appel à l'expérience de nos collègues, et les engager à publier les résultats éloignés des résections qu'ils ont été à même de pratiquer. C'est le seul moyen de résoudre des questions autour desquelles on tourne sans profit depuis longtemps.

Je ne m'occuperai dans ce travail que des lésions intrinsèques du pied, osseuses ou articulaires, c'est-à-dire des lésions portant sur le os du pied et les articulations de ces os entre eux. Les résections de l'articulation tibio-tarsienne seront par cela même hors de cause.

J'examinerai séparément les os du tarse, les os du métatarse, et les phalanges. Cette division, indiquée par les considérations anatomiques, me paraît aussi la plus rationnelle au point de vue chirurgical.

Mais avant d'étudier séparément pour ces diverses régions les différentes opérations qui leur sont applicables, je dois mettre en relief la considération capitale qui domine mon sujet : c'est l'âge des opérés. Cette question d'âge, si importante dans toutes les résections, l'est ici plus que partout ailleurs, et nous pouvons dire déjà que les résections et les diverses opérations conservatrices, très-justifiables au-dessous de l'âge de 20 ans, sont d'autant mieux indiquées que le sujet est plus jeune. Au-dessus de 20 ans, les contre-indications de ces opérations augmentent; et plus on avance dans la vie, plus l'amputation présente d'avantages. Nous ne devons pas, dès à présent, chercher à établir de règle applicable aux diverses lésions du pied, car la différence de structure et de fonctions des diverses parties de cet organe entraînerait beaucoup d'exceptions ; mais la donnée générale n'en est pas moins vraie, et à mesure que nous avancerons dans notre sujet, nous verrons se confirmer cette distinction entre les lésions de l'enfance et celles de l'âge adulte. La structure du tissu osseux, son développement, la rapidité des processus plastiques chez les jeunes sujets nous rendront compte de cette différence selon les âges. Chez l'enfant, la plupart de ces lésions osseuses guérissent à la longue ; chez l'adulte, elles sont le plus souvent progressives et envahissantes malgré les traitements les mieux dirigés. Autant il faut recourir avec confiance aux diverses opérations conservatrices dans le premier cas, autant il faut s'en méfier dans le second.

Les opérations conservatrices ne se bornent pas seulement aux ablations et aux extirpations osseuses. La cautérisation des os et des articulations intermédiaires est plus souvent indiquée pour les petits os du tarse que l'ablation régulière de ces mêmes os. Quand ces os sont pris en masse, raréfiés et ramollis au milieu de fongosités articulaires, on peut les extirper sans doute ; mais il est préférable de se conduire tout autrement. En les cautérisant profondément avec le fer rouge, en traversant par exemple, de part en part, la masse des cunéiformes et du cuboïde, en creusant un tunnel d'un bord du pied à l'autre, et en combinant cette cautérisation avec l'ablation des portions osseuses séquestrées, on obtient la guérison de ces ostéo-arthrites suppurées, qui paraissent au premier abord au-dessus des ressources de l'art.

Cette cautérisation peut se faire aussi au moyen de flèches de Canquoin ou de crayons de nitrate d'argent, comme Larghi l'a souvent pratiqué, mais je suis de plus en plus partisan du fer rouge, qui détruit peu, tout en modifiant profondément les tissus lorsqu'il est hardiment introduit au milieu de ces os, à travers les portions raréfiées et les fongosités articulaires.

Cette opération n'a pour effet, le plus souvent, que de modifier la vitalité des parties traversées et de changer la nature du processus. Elle peut avoir cependant pour résultat de produire la mortification du tissu osseux à une certaine profondeur, de produire ainsi une nécrose artificielle, que nous appellerons *nécrotisation* du tissu osseux pour la distinguer de la nécrose spontanée.

La cautérisation agit d'autant mieux qu'on a affaire à un sujet plus jeune et qu'elle porte sur des os raréfiés, ramollis et fongueux. Plus le tissu osseux se rapproche des parties molles, soit par l'âge du sujet, soit par l'altération pathologique qu'il a subie, plus vite il est modifié par l'action du fer rouge. Par le fait de l'inflammation chronique et de la suppuration qui la suit, les conditions anatomiques des os courts du pied sont complétement changées; les articulations n'existent plus à l'état de cavités closes distinctes ; elles sont remplies de fongosités, et les rapports des cavités articulaires entre elles peuvent être modifiés par des cloisonnements accidentels. La propagation de l'inflammation trouve un obstacle dans ces cloisonnements, et cette circonstance jointe au changement qui s'est opéré dans la vitalité des synoviales, explique pourquoi le résultat des traumatismes articulaires est tout autre dans ces cas d'inflammation chronique qu'à l'état sain.

Voilà pourquoi on peut hardiment creuser des tunnels et passer des fers rouges à travers ces régions qu'on ne pourrait intéresser à l'état normal qu'en s'exposant à tous les dangers de l'arthrite aiguë. Grâce aux changements anatomiques que nous venons d'indiquer, on peut, dans ces ostéo-arthrites siégeant sur les os antérieurs du tarse (cunéiformes, cuboïde) et intéressant plus ou moins les autres os contigus, cautériser profondément sans trop se préoccuper des articulations limitantes. Il faut seulement éviter avec soin les vaisseaux, les nerfs et les tendons voisins, et avoir présents à l'esprit les rapports de ces organes extérieurs à l'os, lorsqu'on promène le fer rouge au millieu des fongosités ostéo-articulaires.

Je suis entré dans quelques détails sur cette opération moins classique que la résection osseuse. Elle paraîtra peut-être plus grave qu'elle ne l'est en réalité, aux chirurgiens qui ne sont pas habitués à manier le fer rouge, et qui ignorent l'efficacité de l'occlusion inamovible pour prévenir les inflammations consécutives. J'ai déjà, il y a quelques années (1), appelé l'attention sur l'efficacité et l'innocuité de ces cautérisations articulaires, et j'y insiste aujourd'hui avec plus de confiance encore depuis que l'occlusion inamovible (2), c'est-à-dire l'enveloppement de la plaie dans un bandage ouaté et silicaté, m'a fourni un moyen plus efficace que les pansements connus jusqu'ici pour prévenir les accidents inflammatoires. Après avoir ainsi cautérisé le pied par le fer rouge, je passe un drain, si le tunnel traverse l'organe de part en part, et j'enveloppe le tout dans du coton, puis dans un bandage silicaté remontant jusqu'au-dessus du genou et je laisse le membre ainsi enfermé, à l'abri de l'air, pendant 15, 20, 25 jours et plus sans y toucher. J'ai laissé ainsi pendant plus d'un mois sous le bandage de jeunes sujets chez lesquels j'avais éteint plusieurs cautères dans l'articulation tibio-tarsienne elle-même, et ils n'ont accusé ni fièvre ni souffrance. L'abondance de la suppuration détermine le moment où il faut faire une ouverture au niveau de la plaie. Par cette fenêtre on change le coton, puis on referme le bandage

(1) *Traité expérimental et clinique de la régénération des os*, t. XI, chap. II.

(2) *De l'Occlusion inamovible comme méthode générale de pansement.* (*Congrès médical de Lyon*, 1872.)

et on attend pour faire un nouveau pansement que l'odeur ou la souillure de l'appareil incommodent le malade. On est étonné de la petite quantité de tissu osseux nécrosé qui est entraînée par la suppuration. Malgré le passage répété du fer rouge dans ces masses d'os ramollis et fongueux, l'action nécrotisante est peu profonde, et les plaies se referment souvent sans qu'on ait trouvé de séquestre appréciable. La mollesse et l'humidité des fongosités expliquent cette limitation de l'effet destructeur. Il faut employer des caustiques chimiques, tels que le chlorure de zinc, si l'on veut nécrotiser plus profondément, et encore à cause de la structure des os courts, à cause surtout de l'absence du canal médullaire, n'a-t-on jamais de nécrotisation comparable à celles qu'on obtient sur les os longs, en procédant à la manière de Troja, c'est-à-dire en bourrant la cavité de la moelle de charpie imprégnée de liquide caustique.

Ces préliminaires posés, je passe à l'examen des cas particuliers.

I. OPÉRATIONS PRATICABLES SUR LES OS DU TARSE.

CALCANEUM. — Quoique pratiquée depuis longtemps, l'ablation du calcaneum est une opération sur laquelle règnent encore les opinions les plus diverses. Selon qu'un chirurgien a eu occasion de constater quelque cas de succès ou d'insuccès, il se montre favorable ou défavorable à cette opération. Les cas publiés sont d'une soixantaine environ (1), mais les cas bien observés ou plutôt assez longtemps observés sont très-peu nombreux et je comprends l'hésitation des chirurgiens devant une opération qui enlève le principal point d'appui du corps dans la marche ou la station.

Mettre en parallèle des cas comparables, c'est la première condition d'une critique sérieuse. En additionnant toutes les observations publiées sous le nom de résection du calcaneum, on obtient un résultat nécessairement faux, car ce ne sont pas des unités de même espèce. L'âge des sujets, les conditions générales, la nature de la lésion osseuse, etc., influent non-seulement sur la gravité de l'opération, mais en changent les résultats. Il faut donc établir tout d'abord quelques catégories pour se rendre compte des chances de succès de l'opération et apprécier l'utilité des résultats qu'on obtient. Le petit nombre des cas cliniques réellement comparables me met encore dans la nécessité d'invoquer les résultats des expériences faites sur les animaux et de rappeler les conclusions que j'ai tirées de ce genre de recherches.

Après la résection et surtout après l'ablation complète du calcaneum, la

(1) En comprenant tous les cas de résection et d'ablation complète, Polaillon a résumé soixante-cinq observations dans un tableau comparatif. (Voy. *Dictionnaire encyclopédique des sciences médicales* de Dechambre, article *Calcaneum*, par Polaillon.)

régénération de la masse osseuse enlevée est de la plus haute importance, et il n'est pas d'opération qui ait plus bénéficié des avantages apportés à la médecine opératoire par la méthode sous-périostée. On peut même dire que, sans la régénération ultérieure d'une masse osseuse, l'ablation du calcaneum sera une mauvaise opération, très-imparfaite du moins au point de vue du résultat physiologique qui en sera la conséquence. Dans mes expériences comparatives sur les animaux (1), j'ai démontré qu'en conservant la gaîne périostique, on obtenait la régénération d'un nouveau calcaneum remplaçant l'ancien par la forme et les fonctions, et donnant insertion comme l'os primitif au tendon d'Achille. J'ai constaté, au contraire, que l'ablation du calcaneum revêtu de son périoste était suivie de l'absence complète de régénération de l'os, de la rétraction du triceps en haut, de la perte des mouvements d'extension du pied et, par cela même, d'une perturbation fonctionnelle complète dans l'organe opéré.

Cette différence a été aussi évidente pour cet os que pour les autres régions sur lesquelles j'ai fait ces expériences comparatives (coude, épaule, hanche, etc.); il n'y a donc plus à discuter sur ce point, et l'on doit faire une opération sous-périostée si l'on veut avoir la reconstitution d'une masse osseuse nouvelle, nécessaire au rétablissement de l'action du triceps, et suffisante pour reconstituer dans sa forme approximative le point d'appui du talon. On pourrait m'alléguer certains faits de résection et d'ablation complète du calcaneum dans lesquels les chirurgiens disent avoir eu de bons résultats sans faire une opération sous-périostée. Ces faits ne m'embarrassent guère, car ils se rapportent à ces cas de nécrose totale du calcaneum où d'ostéite totale non encore terminée par nécrose, dans lesquels il est impossible de ne pas faire une opération sous-périostée. Le chirurgien voudrait-il enlever le périoste qu'il ne le pourrait pas; cette membrane est déjà séparée de l'os et, dans tous les cas, beaucoup plus adhérente aux parties molles qu'à l'os; aussi les opérateurs ont-ils fait alors des ablations sous-périostées sans le savoir et sans le vouloir. Ce serait abuser de votre temps que de m'étendre sur ces faits, qu'il pouvait être utile de développer alors que les chirurgiens avaient encore des préventions contre les résections sous-périostées; mais aujourd'hui, s'il restait encore quelques doutes dans votre esprit, je vous engagerais à procéder scientifiquement et, pour cela, à analyser par l'expérimentation les processus et les conditions de la régénération des os. Si l'on agissait ainsi dans les questions où le petit nombre de faits cliniques ne permet pas une analyse complète des phénomènes, les discussions tomberaient d'elles-mêmes, et l'on ver-

(1) *Traité expérimental et clinique de la régénération des os*, t. I, page 288.

rait disparaître ces prétendues contradictions entre les observations sur l'homme et les expériences sur les animaux.

Je pars donc de ce fait, que la méthode sous-périostée peut seule nous permettre de compter sur la régénération d'une masse osseuse nouvelle à la place du calcaneum enlevé, et, laissant de côté les observations anciennes, je vais exposer ce que j'ai pu constater moi-même, en insistant sur les détails les plus propres à vous faire apprécier le résultat définitif de l'opération.

Je fais passer sous vos yeux des photographies représentant les pieds d'un jeune homme à qui j'ai pratiqué l'ablation complète du calcaneum, il y a quatorze mois. Ces photographies représentent le pied vu en dehors et vu en dedans. Vous pouvez apprécier, en comparant le pied opéré avec le pied sain, la forme du talon et de la voûte plantaire.

Le talon est presque aussi saillant en bas, c'est dire qu'il a à peu près la même hauteur que le talon sain; il n'y a pas plus de 6 à 7 millimètres de différence; la voûte plantaire est aussi accusée que du côté sain, aussi n'y a-t-il pas lieu de craindre que le sujet éprouve les inconvénients du pied plat. Le diamètre antéro-postérieur du calcaneum est diminué d'un centimètre et demi (14 millimètres) et la saillie postérieure est moindre : c'est là un des points les plus intéressants à étudier à cause de l'importance de la longueur de ce levier horizontal pour l'insertion du triceps. Plus cette saillie postérieure sera marquée, mieux se rétabliront les mouvements d'extension du pied, et plus puissante sera l'action du triceps dans la marche, la course et tous les exercices dans lesquels le corps doit appuyer, à un moment donné, sur la pointe du pied. Lorsque le calcaneum ne se reproduit pas, et surtout lorsqu'il n'a pas cette saillie osseuse postérieure, le tendon d'Achille se continue avec la gaîne périostique et se réfléchit sous l'astragale. Dans les cas où l'on coupe le tendon d'Achille (et ce tendon a été toujours coupé dans les procédés connus avant le mien), l'action du triceps est annihilée; elle ne peut du moins persister que d'une manière insensible, par la continuité des portions de la gaîne qui ont échappé par hasard à l'action du bistouri.

Le sujet auquel se rapportent ces deux photographies est un des cas les plus satisfaisants que j'aie été à même d'observer; c'est le même que j'ai montré l'an dernier, à notre réunion de Lyon, à plusieurs de nos collègues ici présents. L'opération ne datait que de trois mois et déjà la cicatrisation était à peu près achevée. La forme du talon était si régulière que l'on ne pouvait se douter de l'ablation entière de l'os si l'on n'examinait pas le pied avec attention, et surtout si on l'examinait par sa face interne.

La cicatrice est externe, elle représente exactement l'incision que j'ai décrite dans mon procédé; elle a l'avantage de ne pas gêner la marche, et de n'être pas douloureuse dans la station, puisqu'elle ne subit aucune pression. Elle est profonde, déprimée, car si le nouveau calcaneum permet au talon de reprendre à peu près sa forme, il n'est pas cependant comparable comme volume et comme masse au calcaneum enlevé. Il faudrait l'avoir sous les yeux, dépouillé de ses parties molles pour apprécier exactement la différence ; je dirai seulement qu'à travers les parties molles, il paraît plus mince, plus inégal que l'os sain, et que, en somme, malgré l'effet qu'il produit quand on le palpe à travers les parties molles, il ne doit pas y avoir plus du quart de la masse osseuse reproduite. Il s'agit cependant d'un cas favorable, que je considère comme type, mais il ne faut pas se faire illusion sur la quantité de substance osseuse qu'on peut espérer après une ablation totale en dehors des cas de nécrose. Il en serait autrement après une ablation partielle ; mais au lieu d'insister sur ces différences, je préfère renvoyer ceux qui voudraient de plus longs détails à mon livre sur la régénération des os.

Le fonctionnement du pied est ce qu'il y a de plus important à étudier au point de vue pratique. Bien qu'étroitement liée à celle de la reproduction de l'os, cette question doit être envisagée à part, car elle tient en outre, et au rétablissement de l'action musculaire, et à la disparition de toute trace d'inflammation dans les articulations voisines. Ce n'est qu'au bout de quelques mois que les opérés peuvent marcher librement ; ce n'est qu'au bout de deux ou trois ans, et même plus tard, qu'on peut apprécier le résultat définitif de l'opération. Je parle toujours, bien entendu, d'une véritable ablation sous-périostée et non de l'extraction d'un séquestre déjà libre dans une coque périostique à demi ossifiée.

Dès les premiers jours, l'opéré en soulevant la jambe peut étendre et fléchir le pied, grâce à la continuité du tendon avec la gaîne périostique ; ces mouvements se perfectionnent rapidement, mais comme en général le triceps est atrophié avant l'opération et qu'il ne peut reprendre son activité que tard, à cause de l'impossibilité de marcher de longtemps sur le talon opéré, la marche et le soulèvement sur la pointe du pied sont au début impossibles. Ce n'est qu'à la longue que l'opéré peut arriver à marcher par le mécanisme de la marche ordinaire, et à plus forte raison, à courir et à sauter. Pendant quelque temps, il marche sans soulever le talon, en posant et en déplaçant le pied à plat ; mais ce que je tiens à constater, c'est que les fonctions du pied se rétablissent plus tard, selon leur type normal, quand le résultat anatomique que j'ai signalé plus haut se trouve réalisé. Le soulèvement sur la pointe du pied s'exécute, mais la conservation de cette position pendant un moment est toujours difficile, soit, parce que le triceps ne recouvre pas complétement sa force primitive, soit parce que le levier sur lequel il s'insère est plus court. A la longue cependant le pied opéré se perfectionne de plus en plus, et au bout de quelques années, une de nos opérées avait recouvré la possibilité de courir, de sauter et de danser.

L'ablation complète du calcaneum donne donc, lorsqu'elle est faite d'après les règles de la méthode sous-périostée, un résultat anatomique et fonctionnel qui doit la faire conserver dans la pratique. Les mauvais résultats qu'on a signalés, et qu'on observera encore quand on opérera d'après les procédés anciens, ne constituent qu'un argument d'une valeur relative. Ce qu'il faut seulement déterminer, ce sont les cas auxquels cette opération convient et les conditions favorables à sa réussite.

C'est dans l'enfance et la jeunesse qu'on pourra obtenir des résultats analogues à ceux que nous avons signalés, et c'est dans le cas d'ostéite totale suppurée avec conservation du périoste périphérique que l'opération sera le mieux indiquée. L'ostéite centrale avec ou sans séquestres indique seulement la trépanation avec évidement plus ou moins profond de l'os.

L'altération de l'os dans toute son épaisseur, sur une partie de sa longueur, qu'elle soit bornée à l'épiphyse postérieure ou qu'elle comprenne une portion du corps de l'os, nécessitera seulement la résection partielle.

On ne devra enlever la totalité de l'os que lorsque toute ou presque toute sa substance sera malade, et que la lésion n'aura pas de tendance à guérir spontanément ou sous l'influence des moyens propres à modifier profondément la vitalité du tissu osseux : cautérisations profondes, drainages, abrasions, etc., etc.

Ces cas sont les plus rares parmi les ostéites du calcaneum. Le plus souvent l'altération est limitée, et l'on pourra ménager assez de tissu osseux sain pour conserver au talon sa forme et sa résistance. Mais quoique partisan de l'évidement, même porté à sa dernière limite chez les jeunes enfants, je dois faire remarquer la lenteur des processus réparateurs dans ces cas où l'on a creusé de vastes cavités dans le corps de l'os. La réparation en est interminable; ces cavités mettent quelquefois plusieurs années à se combler, et l'on est obligé, comme cela nous est arrivé deux fois, d'en venir finalement à l'ablation totale. Les cas les plus simples sont ceux où l'on n'a qu'à vider une cavité séquestrale; le séquestre enlevé, la réparation marche plus ou moins rapidement, mais elle finit par aboutir et donner un excellent résultat définitif. Chez l'adulte j'ai fait plusieurs évidements du calcaneum, mais avec des résultats variables. Les petites pertes de substance se réparent encore, mais les vastes cavités ne peuvent qu'imparfaitement se combler ; et comme la plupart de ces lésions chez les individus avancés en âge sont des manifestations d'une affection diathésique, l'ostéite progresse ; l'inflammation passe aux articulations voisines, et l'on est finalement obligé d'en venir à une amputation du pied. Cela m'est arrivé récemment chez une personne de soixante-trois ans, à qui j'ai tenté de conserver le pied par l'ablation de quatre séquestres vasculaires formant la moitié de l'os environ. Les progrès de l'ostéite et l'invasion des articulations voisines m'ont forcé de pratiquer secondairement l'amputation du pied.

Les cas traumatiques nécessiteront rarement l'ablation totale du calcaneum. L'ablation des esquilles mobiles ou trop dénudées pour pouvoir continuer de vivre permet de conserver, à la suite des coups de feu par exemple, assez de tissu osseux pour maintenir la forme et les fonctions de l'arrière-pied. La suppuration sera longue, s'il y a des esquilles nombreuses, mais la cicatrisation finira par s'obtenir malgré la répétition de quelques abcès pendant plusieurs années. D'autre part, on peut avoir à enlever secondairement une partie ou la totalité de l'os pour des ostéites chroniques et douloureuses, consécutives à des fractures avec écrasement et pénétration réciproque des esquilles, comme cela nous est arrivé dans une circonstance, mais l'expectation doit être la règle en pareil cas et les opérations plus simples (trépanation, évidement) réussiront généralement.

J'ai fait cinq fois l'ablation complète du calcaneum : sur ces cinq opérés, l'un est mort de diarrhée quarante-cinq jours après l'opération ; un autre a succombé à la phthisie pulmonaire deux ans après ; la plaie du talon était complétement cicatrisée et l'opéré marchait sans appareil. Il ne pouvait courir ni se tenir sur la pointe du pied opéré, lorsque le pied sain abandonnait le sol.

Ces deux opérés avaient : l'un trente-huit ans, l'autre trente-six. Les trois opérés qui sont vivants avaient : l'un onze ans, les deux autres quinze ans, au moment de l'opération. Nous voyons là un nouvel argument en faveur de la différence que nous avons établie entre les opérations pratiquées au-dessous de vingt ans et au-dessus de cet âge. C'est sur l'examen de deux de ces opérés que nous avons établi les considérations précédentes ; la troisième opération est encore trop récente pour que nous puissions en indiquer le résultat définitif au point de vue fonctionnel ; mais déjà une masse osseuse considérable, formée en arrière, au niveau de l'insertion du tendon d'Achille, nous donne les meilleures espérances pour le rétablissement de la forme et des fonctions du pied.

Quant aux résections partielles, portant environ sur le tiers postérieur de l'os, elles nous ont donné dans quatre cas d'excellents résultats ; le calcaneum était resté plus court. Je n'ai revu qu'un seul de mes opérés un an après l'opération. Il marchait toute la journée, mais pouvait encore se tenir difficilement sur la pointe du pied. Les autres ont été perdus de vue après cinq ou six mois ; j'ai tout lieu de croire qu'ils seraient venus me revoir s'ils n'avaient pas été complétement guéris.

Les opérations plus simples que la résection proprement dite ou l'ablation du calcaneum, telles que la trépanation, l'évidement, l'abrasion, la cautérisation sont celles qui s'appliquent le plus souvent aux diverses lésions dont le calcaneum est le siége. Elles conviennent dans les cas où l'os n'est malade qu'en partie : la trépanation et l'évidement donnent surtout des résultats excellents dans les ostéites centrales, quelle que soit la forme qu'elles affectent. Elles permettent seules d'enlever ces séquestres profonds, vasculaires ou non, qui se rencontrent si souvent dans ces ostéites chroniques limitées, qui n'ont aucune tendance à guérir parce que la portion morte ou malade, retenue intérieurement par la couche périphérique saine, ne peut pas être expulsée spontanément. On peut ainsi guérir en quelques jours des suppurations qui durent depuis plusieurs années. On trouve souvent dans l'os des séquestres vasculaires, c'est-à-dire vivants, mais ne tenant au reste de l'os que par les fongosités au milieu desquelles ils sont plongés. Les séquestres vasculaires peuvent être résorbés à la longue ; les séquestres de nécrose persistent indéfiniment. Lorsque la cavité séquestrale est limitée par une couche d'ostéite condensante, il suffit d'enlever le corps étranger pour guérir la maladie ; mais lorsque la cavité n'a pas de limite distincte, que ses parois sont friables, que les fongosités se continuent dans la substance spongieuse, ramollie, friable ou infiltrée de pus, il faut enlever les parties les plus malades et modifier le reste par l'action du fer rouge.

M. Sédillot a rappelé l'attention sur cette opération en lui donnant le nom heureux d'évidement, mais il a mal interprété les processus par lesquels s'opère la guérison en ajoutant à cette opération le nom d'évidement sous-périosté. Le périoste n'est pas en jeu dans cette opération ; il n'est pas directement intéressé, et la cavité se comble par le bourgeonnement de sa paroi, c'est-à-dire par les granulations provenant du tissu médullaire contenu dans les aréoles spongieuses qui limitent la cavité artificiellement creusée. C'est un processus tout différent de celui que nous constatons après les résections sous-périostées, dans lesquelles la gaîne périostique doit fournir les éléments de l'ossification nouvelle.

Après l'évidement, les fongosités médullaires finissent par combler la cavité ; d'abord molles et très-vasculaires, elles se sclérotisent et finissent peu à peu par s'ossifier. Mais l'ossification est souvent très-longue à se produire, et nous avons trouvé un tissu encore souple et nullement ossifié un an après l'évidement. La persistance de quelques portions malades dans le tissu osseux ancien arrête le processus dans son évolution, et nécessite alors une seconde intervention. Si le calcaneum a été creusé de manière à être privé de la presque totalité de son tissu spongieux, la réparation peut être rendue difficile par l'éloignement de ses parois qui ne peuvent se rétracter; il vaut mieux alors agrandir l'ouverture extérieure, enlever la totalité de la paroi de manière à transformer la cavité en un canal largement ouvert, dans lequel les parties molles extérieures peuvent s'enfoncer et contribuer à la formation du tissu cicatriciel. Mais malgré ces réserves, l'évidement sera applicable à la plupart des ostéites centrales du calcaneum; il n'en résulte aucune déformation et les fonctions du pied se rétablissent complétement. Il faut seulement n'appliquer cette opération qu'aux cas qui le réclament.

J'ai hâte de passer aux autres os du pied ; les détails dans lesquels je suis entré à propos du calcaneum me permettront d'être plus bref pour certains os dont j'aurai bientôt à m'occuper.

Astragale. — L'ablation de l'astragale a été faite très-souvent, et avec le plus heureux succès, pour la luxation de cet os. Cette indication étant universellement acceptée et ne pouvant donner lieu à des considérations nouvelles, je n'y insiste pas et j'aborde un point plus litigieux, c'est-à-dire l'ablation de cet os dans les cas d'ostéite ou d'ostéo-arthrite chronique.

Les rapports de l'astragale avec le tibia et le péroné d'une part, avec le calcaneum de l'autre, et avec le scaphoïde par sa tête, sont tellement étendus que cet os a plus de surface articulaire que de surface périostique. Ses maladies ne sont jamais isolées, ou du moins elles ne restent limitées au tissu osseux que pendant un temps relativement court; elles se compliquent bientôt de lésions articulaires. Ces lésions articulaires sont elles-mêmes le point de départ le plus fréquent des lésions du tissu osseux de l'astragale. La carie de cet os est, à mon sens, d'après les idées que j'ai développées dans l'article *Carie* du Dictionnaire encyclopédique, une conséquence de l'arthrite fongueuse qui se développe fréquemment dans l'articulation tibio-tarsienne.

Cette corrélation avec les lésions des articulations limitantes fait que l'ablation de l'astragale est rarement indiquée. Il faudrait simultanément réséquer ou du moins abraser la surface des os contigus, et comme ces os sont en même temps plus ou moins altérés, il faudrait faire des délabrements énormes. Aussi l'amputation de la totalité du pied doit-elle être la règle en pareil cas. Ce n'est que chez les enfants qu'on doit chercher avec persévérance à conserver l'organe, en combinant l'immobilisation avec les cautérisations intra-articulaires. On obtient alors la guérison au prix d'une soudure de divers os du tarse, et le malade conserve un membre utile malgré une ankylose plus ou moins serrée.

Je n'ai eu que deux fois l'occasion d'enlever la totalité ou la presque totalité de l'astragale. Je n'ai même fait que dans un seul cas une ablation complète et régulière d'après le procédé que j'ai décrit dans mon *Traité de la régénération des os*. La totalité de l'os a été enlevée, et la face correspondante du calcaneum a été abrasée. Le résultat immédiat a été excellent, mais le membre est encore dans l'appareil, et bien que l'opération date de six mois, la cicatrisation n'est pas complète et je ne puis dire quel sera son résultat définitif. L'opéré est âgé de 14 ans.

Quant à l'autre cas, il a consisté dans l'ablation presque complète de l'astragale raréfié, ramolli et contenant des séquestres vasculaires dans son intérieur. Je n'ai laissé que la tête. Il s'agit d'un jeune homme de 28 ans, atteint d'une suppuration intarissable, provenant de l'intérieur de l'astragale, et qui avait eu, il y a 9 ans, des accidents semblables qui avaient fini par s'arrêter. L'état local s'est amélioré après l'opération; mais je n'ai pas revu le malade depuis sa sortie de l'Hôtel-Dieu et je ne puis rien affirmer sur le résultat définitif. Je réserve donc la question, me contentant de dire aujourd'hui qu'avec l'occlusion inamovible, je n'ai pas observé chez mes deux opérés un traumatisme aussi grave que je le redoutais *a priori*.

Dans un cas traumatique (fracture comminutive), j'ai réséqué les deux tiers postérieurs de l'astragale en même temps que les malléoles et les surfaces articulaires du tibia et du péroné. Le résultat a été excellent et mon opéré (la résection a été faite le 1er mai 1869) marche aujourd'hui toute la journée sans fatigue, sans aucun appareil. Les mouvements de la nouvelle articulation tibio-tarsienne sont limités; obscurs au début, ils deviennent d'année en année plus étendus; des mouvements supplémentaires se passent dans les articulations médio-tarsiennes et tarso-métatarsiennes.

Scaphoïde, Cuboïde, Cunéiformes. — Nous réunissons ces divers os dans le même paragraphe, parce que les mêmes considérations leur sont applicables et parce que leurs rapports articulaires les rendent tous plus ou moins solidaires.

C'est dans les lésions de ces os et des articulations limitantes que j'ai eu de bons résultats par les divers modes de cautérisation que j'ai indiqués plus haut et en particulier par le fer rouge. Dans les cas où la médullisation de l'os est encore peu avancée, quand les abcès ne se sont pas encore fait jour à l'extérieur, je les ouvre et je pénètre dans les articulations avec des cautères pointus à bec de bécasse, assez piquants pour s'enfoncer dans les os ramollis, lorsque l'action du feu se joint à la pression exercée par la main de l'opérateur. Les cautères dont je me sers sont plus gros que ceux qu'emploie M. Richet pour faire l'ignipuncture; ils ont un diamètre double au moins. Ces derniers s'éteignent trop vite et ne modifient pas assez profondément les tissus pour le résultat que je veux obtenir. Ils sont bons pour les cas plus légers, moins avancés; mais dès qu'il y a dans les articulations une synovie purulente, je préfère des fers plus épais, et dégageant plus de calorique.

Lorsqu'il y a des fistules anciennes et persistantes, je fais d'abord une incision pour mettre à nu l'os ou les os que je veux enlever en ayant soin de ménager les tendons, les nerfs et les vaisseaux. J'explore la région malade; si je trouve un os plus ou moins isolé au milieu des fongosités, j'achève de le détacher et je le soulève avec une gouge ou un détache-tendon agissant comme un levier. On sépare ainsi les portions friables, ramollies des parties encore saines. On se rend compte alors de l'état des os voisins; et si ces os paraissent sains ou susceptibles de redevenir sains dans la plus grande partie de leur étendue, on éteint plusieurs cautères à olive allongée, ou légèrement coniques, dans le foyer principal et dans les trajets fistuleux. Dans quelques cas, ces os isolés de toutes parts au milieu des fongosités ne tiennent que par quelques restes d'insertion ligamenteuse, et leur ablation se fait avec la plus grande facilité. On cautérise toujours avec le fer rouge les fongosités périphériques; le nitrate d'argent me paraît devoir être surtout réservé pour les cautérisations ultérieures qu'on peut avoir à faire; je l'ai employé cependant dès le début, seul, dans un certain nombre de cas.

Si, au lieu de ces cas dans lesquels la nécrose est l'élément accessoire, et où même on ne trouve que des séquestres vasculaires, on a affaire à de véritables nécroses de ces petits os, le problème est plus simple; il suffit de les enlever avec des pinces, de modifier les fongosités si elles sont trop exubérantes, et la guérison surviendra plus rapidement que dans le premier cas.

Autrefois je pansais ces plaies avec des compresses froides, et je plaçais le membre dans une gouttière; aujourd'hui, je les traite par l'occlusion inamovible. J'applique un bandage silicaté, suffisamment garni d'ouate, et je ne l'ouvre au niveau de la plaie que si l'abondance ou la rétention du pus rendent le pansement nécessaire. Je préviens cependant la stagnation du pus par le drainage et la position du membre.

C'est en agissant ainsi que j'ai pu mener à bien ces ostéo-arthrites médio-tarsiennes ou tarso-métatarsiennes qui, par le gonflement du pied qu'elles occasionnent et les accidents qui, les suivent, paraissent au premier abord des cas d'amputation. Mais ici encore, je le répète, c'est chez les enfants et les jeunes sujets au-dessous de vingt ans qu'on aura ces beaux résultats; plus tard, l'opération est plus dangereuse, et surtout elle n'arrête pas aussi bien la marche progressive de l'affection. Aussi faut-il lui préférer d'emblée l'amputation, si l'état général du sujet inspire des inquiétudes au sujet de la tuberculisation des poumons.

Ces ablations des petits os du tarse, suivies de la cautérisation des trajets fistuleux et des fongosités, donnent lieu à des processus réparateurs intéressants à étudier. Il n'y a pas lieu de penser à la régénération de ces os, revêtus de plus de cartilage que de périoste, et par cela même peu favorisés sous ce rapport. Après ces cautérisations et ces ablations osseuses combinées, il se forme à la place de l'os un tissu fibreux, mêlé peut-être de quelques grains osseux, mais rien ne rappelle la forme de l'os primitivement enlevé. On comprend cependant que le cuboïde ou le scaphoïde, dans les cas d'une conservation régulière de la gaîne périostique, pourraient être remplacés par une masse osseuse appréciable. Mais dans les cas que nous avons observés, nous n'avons constaté qu'une masse fibreuse comblant le vide déterminé par l'opération, et qui s'est, du reste, notablement réduit par le rapprochement des os adjacents, attirés les uns vers les autres par la rétraction du tissu inodulaire.

De là des déformations du pied que nous avons constatées après les ablations du cuboïde (deux cas) et des cunéiformes. Dans le premier cas, l'avant-pied se dévie en dehors; le bord externe du pied se coude au niveau du cuboïde, et il fait à ce niveau un angle rentrant plus ou moins marqué. Cette circonstance fait comprendre comment on a pu proposer l'ablation du cuboïde dans un but orthopédique (Solly), dans le cas de varus extrême. L'ablation des cunéiformes et du scaphoïde donnera lieu à une déviation inverse. Il y a outre cela une déformation générale du pied qui reste plus mince que le pied sain, quoique relativement plus épais et plus court, lorsque l'opération a été pratiquée dans le jeune âge. Mais malgré ces déformations, les fonctions du pied finissent par se rétablir complétement, et nous avons revu des sujets auxquels nous avions enlevé ou cautérisé cinq ou six ans auparavant ces petits os du tarse, et qui, malgré un pied difforme, pouvaient se livrer à toutes sortes de travaux. L'ablation simultanée des extrémités postérieures des métatarsiens correspondants augmente la difformité du pied; il en résulte une atrophie en longueur de l'avant-pied, due au défaut de développement des os réséqués.

La suppuration de la série des articulations tarso-métatarsiennes, des quatre dernières surtout, puisque la première est anatomiquement indépendante, nécessite parfois une intervention plus complète. On peut avoir à réséquer l'extrémité des divers métatarsiens, et enlever soit le cuboïde, soit les cunéiformes, selon l'état des articulations voisines. C'est dans des cas semblables que j'ai creusé un tunnel traversant le pied de part en part, allant du premier cunéiforme au cuboïde, intéressant la masse des os du tarse et des extrémités métatarsiennes raréfiées et ramollies. J'ai rapporté un bel exemple de cette opération dans mon *Traité de la régénération des os*, t. II, page 275. L'opération date de 10 ans; la guérison s'est maintenue et le résultat s'est perfectionné de plus en plus. J'ai depuis fait trois fois la même opération chez des sujets de 12, 14 et 19 ans; deux fois avec un résultat excellent, une fois avec un résultat inconnu, mais que j'ai lieu de croire mauvais à cause de l'état du malade au moment où il a quitté l'hôpital. Après la cicatrisation, les articulations détruites sont remplacées par des masses fibreuses serrées sans doute, mais assez souples pour permettre un peu de mobilité entre les os contigus, de manière à remplacer les arthrodies normales.

Les ablations complètes des différents os du tarse, à part l'astragale, ne sont guère indiquées dans les cas traumatiques. L'amputation doit être pratiquée si les désordres sont profonds et étendus; mais à la suite des coups de feu, les cas de conservation couronnés de succès deviennent de plus en plus fréquents, malgré les dangers qui s'attachent toujours à l'ouverture des articulations tarsiennes. Les questions de milieu et de pansement consécutif sont ici d'une très-grande importance, et j'ai déjà, par l'occlusion inamovible, évité des amputations que j'aurais crues autrefois indispensables. Dans les perforations du pied par une balle, il faut enlever les esquilles, immobiliser le pied et attendre, et ne faire l'excision des portions osseuses adhérentes que dans le but de prévenir la stagnation du pus dans les culs-de-sac articulaires. Dans la chirurgie d'armée, on est malheureusement dépourvu de moyens d'immobilisation suffisants. Le coton et le silicate de potasse permettront à l'avenir de combler cette lacune.

II. — Opérations praticables sur les métatarsiens.

D'une structure différente de celle des os que nous avons examinés jusqu'ici, revêtus de périoste sur la plus grande partie de leur étendue, pourvus d'un cartilage de conjugaison pour leur accroissement, les métatarsiens se trouvent dans des conditions tout autres que les os du tarse, au point de vue des résections. Deux surtout présentent de l'intérêt : le premier et le cinquième. Quant aux métatarsiens intermédiaires, ils peuvent être réséqués isolément sans doute, mais cette opération n'a plus le même intérêt, parce que leur amputation, c'est-à-dire l'ablation simultanée de l'orteil correspondant, a dans beaucoup de cas autant d'avantages que la résection proprement dite; l'amputation étant suivie d'une guérison rapide et la difformité laissée par l'absence du doigt n'étant pas apparente; la résection exigeant de son côté un long traitement consécutif pour produire tous ses avantages au point de vue de la forme du membre et pouvant donner lieu à des rétractions gênantes de l'orteil, si les règles propres à assurer le succès de ce traitement consécutif ne sont pas complétement observées.

Je m'occuperai donc seulement, pressé que je suis par le temps, des résections et ablations du premier et du cinquième métatarsiens.

Le point d'appui fourni par le premier métatarsien est, après celui du talon, le plus important pour un bon fonctionnement du pied. Après les amputations de cet os, le point d'appui se déplace; il se fait en dehors ou en arrière au niveau du premier cunéiforme ou du deuxième métatarsien, mais ce changement ne se fait qu'à la longue, aux dépens de la solidité du pied. Le coussinet graisseux de l'éminence thénar n'est plus là pour amortir les pressions, et les cicatrices sont longtemps douloureuses; aussi rencontre-t-on des sujets amputés du premier métatarsien qui, même au bout de quelques années, marchent mal et souffrent en marchant. Il en est de même après l'amputation du cinquième métatarsien.

La résection de ces os a donc une très-grande utilité si elle peut conserver au pied ses points d'appui normaux. Aussi devons-nous examiner avec soin dans quelle mesure cette conservation des points d'appui est réalisable. Sans reproduction de l'os ou au moins d'une masse osseuse résistante à la place de l'extrémité postérieure de l'os enlevé, le but ne sera pas atteint. On n'aura qu'un coussinet cellulo-graisseux, utile sans doute, mais insuffisant pour appuyer sur le sol.

C'est la nécessité de cette masse osseuse en arrière qui m'a fait conserver, toutes les fois que la chose a été possible, l'extrémité postérieure de l'os. Lorsque l'articulation métatarso-cunéenne n'est pas envahie par la suppuration, il faut conserver l'extrémité postérieure, l'altération osseuse allât-elle jusqu'à la limite du cartilage. N'y eût-il qu'une couche de trois à quatre millimètres, qu'un opercule osseux pour protéger l'articulation, il faut ne pas ouvrir cette articulation, et sectionner même l'os en biseau avec des cisailles pour lui conserver en bas le plus de longueur possible. L'isolement de la synoviale de cette articulation rend son ouverture moins dangereuse que celle des articulations voisines; mais ce n'est pas ce danger que nous avons en vue, c'est la nécessité de conserver une partie d'os utile par sa masse propre et par le rôle qu'elle joue dans la reproduction osseuse. J'ai en effet démontré par diverses expériences que la régénération des os était, proportionnellement à l'étendue du périoste conservé, plus abondante après les résections que après les ablations complètes. La portion d'os conservée est le point de départ d'une ossification plus active, et si les parties éloignées de la gaîne périostique ne s'ossifient pas, pour une cause ou pour une autre, il se forme toujours là, au voisinage de l'os restant, des dépôts de substance osseuse plus ou moins abondants. Cette considération est surtout importante au delà de l'âge de vingt ans, alors que les propriétés ossifiantes du périoste sont diminuées.

Ce n'est que dans les cas où j'ai conservé cette extrémité postérieure que j'ai eu des résultats complétement satisfaisants. Lorsque l'ablation du premier métatarsien a été tout à fait complète, j'ai eu des résultats variables, mais généralement défectueux.

Je ne puis que répéter ici ce que je disais à ce sujet dans mon livre sur *la Régénération des os*, t. II, p. 288.

« Nous avons fait six fois l'extirpation complète du premier métatarsien ; tous les malades ont guéri ; mais tous n'ont pas retiré le même avantage de l'opération. Nos deux premiers opérés ont eu consécutivement l'orteil relevé en haut par le tendon extenseur. Nous n'avions ni fait la ténotomie préliminaire, ni continué l'extension consécutive pendant assez longtemps.

» Chez l'un, cette difformité n'était pas gênante ; mais une fistule se rouvrit quelques mois après l'opération et le malade mourut phthisique.

» Chez le second, la rétraction arriva au point de gêner la marche ; le gros orteil dépassait les autres d'un centimètre. La malade vint nous revoir quatorze mois après l'opération, et nous lui proposâmes l'amputation.

» Un troisième opéré n'a pas été suivi assez longtemps pour que nous indiquions le résultat définitif.

» Un quatrième a retiré un bon résultat de l'ablation de l'os. Le périoste était déjà transformé en une masse ostéoïde au moment de l'opération ; ce n'avait pas été d'ailleurs une ablation tout à fait complète. Une masse osseuse épaisse se reforma à la place de l'os enlevé. Il s'agissait d'un adolescent de quinze ans.

» Le cinquième a parfaitement guéri, malgré des tubercules pulmonaires ; mais il n'y a pas eu de régénération osseuse, ou du moins il n'y a eu qu'une reproduction très-incomplète. Il s'agissait d'un homme de qnarante-trois ans, à constitution appauvrie, et qui a souffert toutes sortes de privations pendant sa convalescence. »

J'ai revu ce malade quatre ou cinq ans après, et j'ai constaté un résultat plus satisfaisant qu'au début ; il marchait facilement, bien qu'il eût conservé pendant longtemps une fistulette qui donnait quelques gouttes de pus après les marches prolongées.

J'ai donné dans le même chapitre un dessin représentant le pied d'un sixième malade que j'avais opéré en 1866. Le résultat immédiat était excellent au point de vue de la tubérosité antérieure et interne du pied, ainsi qu'au point de vue de la direction de l'orteil. Je n'ai pu revoir mon opéré, mais j'ai tout lieu de croire que le résultat définitif a été bon au point de vue fonctionnel.

Malgré cela, l'incertitude du résultat, la longueur du traitement consécutif, et l'assujettissement qu'il impose au malade ont réduit à mes yeux les indications de cette opération, que j'ai pratiquée moins souvent depuis 1867 que dans les sept années précédentes. J'ai obtenu cependant, l'année dernière, un résultat qui démontre que dans le cas où le malade a le temps et le désir de conserver son pied intact, on peut arriver à ce but en suivant les règles de la méthode sous-périostée et du traitement consécutif que j'ai recommandé. L'orteil retiré d'un centimètre seulement est dans sa direction normale, il est mobile dans le sens de la flexion et de l'extension. La deuxième phalange peut être appuyée avec force contre terre quand le pied est posé à plat. La saillie de l'éminence thénar n'est pas aussi grande que du côté opposé, mais elle est suffisante pour qu'elle touche le sol quand le pied est posé par terre; et quand le malade relève le talon pour faire le pas, le poids du corps porte en partie sur cette saillie. Il est important de faire remarqner que, dans ce cas, l'ablation du premier métatarsien n'avait pas été complète, j'avais laissé en plac le cinquième postérieur de l'os.

Le danger du relèvement de l'orteil lorsque le traitement consécutif n'a pas été assez longtemps continué, existe pour le cinquième métatarsien comme pour le premier; la section préventive de l'extenseur diminue ce danger, mais peut compromettre pour l'avenir le fonctionnement régulier de l'orteil; aussi pour peu qu'il y ait une contre-indication quelconque à l'ablation de l'os, doit-on lui préférer l'amputation en la pratiquant d'après le procédé que j'ai fait connaître, et qui est un dérivé de la méthode sous-périostée.

Pour obtenir après l'amputation, soit du premier, soit du cinquième métatarsien, un coussinet épais et assez résistant pour servir de point d'appui, je conserve la gaîne périostique: je détache le périoste de l'os, comme si je faisais une résection; je conserve de cette manière toutes les parties molles qui entourent l'os, et je retranche l'orteil.

J'ai ainsi la plus grande partie des avantages de la résection sans m'exposer à l'inconvénient du déplacement de l'orteil. Dans cette gaîne périostique conservée, il se forme une masse ostéo-fibreuse; ses propriétés ossifiantes sont affaiblies sans doute comme dans tous les lambeaux flottants, ainsi que je l'ai reconnu expérimentalement, mais il s'y forme toujours une masse fibreuse, mêlée de quelques noyaux osseux qui constitue un coussinet beaucoup plus résistant que celui qu'on obtient par les procédés ordinaires.

J'ai généralisé cette idée, en l'appliquant avec plus d'utilité encore aux amputations tibio-tarsiennes et sous-astragaliennes (1). J'obtiens ainsi non-seulement un coussin charnu, plus épais, plus résistant que dans les procédés de Syme, de Jules Roux ou de Verneuil, mais même une masse ostéo-fibreuse mobile, qui peut exécuter sur le tibia de petits mouvements. Mais je me borne à indiquer ici le principe des amputa-

(1) *Des Amputations à lambeaux périostiques*, par Masson. — Thèse de Montpellier, 1688.

tions à lambeaux doublés de périoste; ce serait sortir de mon sujet que de m'y étendre plus longtemps.

III. — Opérations applicables aux phalanges.

Le peu d'inconvénient qu'ont, en général, les amputations des phalanges, la rapidité de la guérison, la simplicité des suites et surtout l'absence de difformité apparente font qu'en thèse générale il faut préférer l'amputation à la résection. Comme une mutilation, même limitée, n'est pas cependant chose indifférente, on peut, dans quelques cas, avoir des résections phalangiennes à pratiquer pour conserver l'intégrité de l'orteil. C'est au gros orteil que l'opération présente le plus d'utilité. Elle peut porter sur l'une ou l'autre des phalanges, sur leur articulation intermédiaire ou sur l'articulation métatarso-phalangienne. J'ai réséqué ces diverses articulations soit pour des cas traumatiques, soit pour des arthrites suppurées. L'incision doit être latérale pour aborder l'articulation sans blesser les tendons, et de plus, pour avoir une cicatrice qui n'ait pas à supporter de pressions douloureuses. J'ai ainsi obtenu de bons résultats, soit au point de vue de la forme, soit au point de vue de la mobilité. Il faut seulement un traitement long, assujettissant; mais ce qu'il nous importe de savoir, c'est que, en se conformant aux règles de la méthode sous-périostée et en suivant le traitement consécutif, dont j'ai exposé les différents temps dans mon *Traité de la régénération des os*, on peut obtenir des résultats très-satisfaisants au point de vue fonctionnel. Au chirurgien à apprécier, dans chaque cas particulier, s'il vaut la peine de faire subir au malade les lenteurs de la cure. C'est surtout dans les cas traumatiques que j'ai eu des résultats satisfaisants : guérison relativement rapide, conservation des mouvements du gros orteil, pas de gêne dans la marche après la cicatrisation. Le doigt était raccourci, mais jouissait de mouvements de flexion et d'extension, moins étendus qu'à l'état normal, mais assez marqués pour ne gêner en rien le fonctionnement de l'avant-pied. Chez les enfants, à la suite d'ostéite raréfiante bulbeuse, j'ai cautérisé l'intérieur de l'os et obtenu la guérison de l'affection; mais ce résultat est ici moins important qu'aux doigts de la main, pour les raisons que j'ai indiquées plus haut. On doit, après ces opérations, surveiller la direction de l'orteil et maintenir une bonne position, soit par des bandelettes de diachylum, soit par des tractions continues. Ce dernier moyen est surtout utile dans la résection de l'articulation métacarpo-phalangienne, lorsqu'on enlève une longueur notable du métacarpien correspondant. Le succès sera presque toujours possible, mais on devra se demander si, en présence de la simplicité de l'amputation, il vaudra la peine de l'obtenir.

De l'étude que nous venons de faire, nous conclurons que, si les résections et les ablations des divers os du pied ne peuvent pas être acceptées sans réserves, elles ont des indications bien définies. S'il en est qui sont sans importance au point de vue des résultats pratiques, il en est d'autres qu'on ne saurait trop recommander, car elles permettent d'éviter des mutilations plus graves et laissent un membre capable de remplir les diverses fonctions auxquelles il est destiné. L'ablation du calcaneum ou des autres os du tarse peut faire éviter l'amputation de la totalité du pied; mais ce n'est pas seulement la résection et l'ablation des os malades qui fera éviter cette mutilation. La cautérisation des os ramollis et des articulations intermédiaires nous fournit, surtout chez les enfants, une précieuse ressource, dans ces cas complexes, où plusieurs os sont simultanément envahis et donnent lieu à ces suppurations interminables et à ces inflammations progressives qui menacent d'envahir successivement tous les os de la région. L'application hardie du fer rouge, suivie de l'immobilisation dans un bandage silicaté, changera la nature du processus et amenera des réactions franches là où progressait la carie et où s'accumulaient les fongosités. Combinée avec l'extraction des portions osseuses, nécrosées ou trop altérées pour revenir à l'état sain, elle constitue une opération efficace et peu dangereuse qu'il est utile de répandre dans la pratique pour la chirurgie des enfants et des adolescents.

LILLE. — IMPRIMERIE DANEL.

www.ingramcontent.com/pod-product-compliance
Ingram Content Group UK Ltd.
Pitfield, Milton Keynes, MK11 3LW, UK
UKHW020538230726
13925UKWH00006B/2358

9 782013 372794